| 최강숙 2집 |

내 마음이 머무는 곳

도서출판

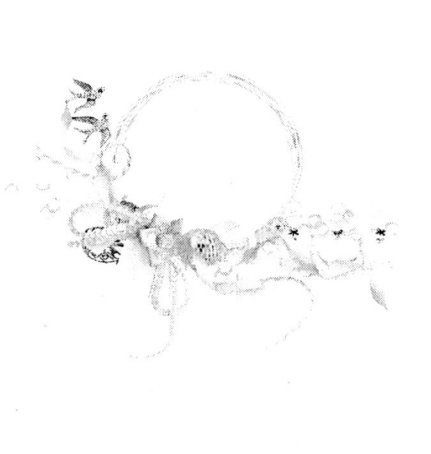

책을 펴내면서

 내가 1집 내 가슴에 꿈을 내면서 언제 또 책을 내리라 생각도 못했습니다. 그런데 잘 쓰고 못 쓰고를 떠나서 하루에 하나씩 쓰다 보니 이렇게 5개월이라는 시간이 흘러 다시 또 한 권에 책을 내놓게 되었네요.

 저의 부족한 글이지만 눈여겨봐 주셨으면 감사하겠습니다. 여기까지 오기에는 많은 분의 격려와 가르침이 있었기에 가능하지 않았나 생각합니다.

 앞으로도 많은 사랑으로 함께 해 주셨으면 하는 저의 바람입니다. 저를 사랑해 주신 모든 분들 언제나 건강하시고 행복하시길 바랍니다.

2023년 4월
염곡 시인 최강숙

1부 삶의 길

봄은 아직도 ·· 12
모닝커피 ·· 13
아카시아꽃 피면 ·· 14
영산홍꽃 ·· 15
봄이 오는 소리 I ·· 16
라일락 꽃향기 ·· 17
오월의 장미 ·· 18
친구 잃은 벚꽃 ·· 19
삶의 길 ·· 20
화사한 봄 ··· 21
내가 벌써 ··· 22
싸리꽃 (조팝나무꽃) ·· 23
봄비 ··· 24
꽃 중의 꽃 ·· 25
날씨 이변인가 ·· 26
목련이 필 때 ··· 27
온 동네 꽃 잔치 ·· 28
철이 되면 시키지 않아도 ································· 29
온 동네잔치나네 ··· 30
벚꽃 피면 ··· 31
할미꽃 ·· 32
봄은 노란색 ·· 33
봄이 오니 ··· 34
목련의 비애 ·· 35
나를 품은 바다 ·· 36

2부 나들목의 향기

앵두꽃 …………………………………… 38
바라거든 구하라 ………………………… 39
자주색 목련 ……………………………… 40
봄 놀이 …………………………………… 41
고향 친구들 ……………………………… 42
얼어붙은 내 마음 ………………………… 43
축제 마당 ………………………………… 44
참깨 볶는 날 ……………………………… 45
목련꽃 …………………………………… 46
소중한 물 ………………………………… 47
저녁노을 ………………………………… 48
보고 싶은 님 ……………………………… 49
겨우살이 I ………………………………… 50
겨우살이 II ……………………………… 51
그리움 …………………………………… 52
경칩이 지났다 …………………………… 53
밤비가 온다 ……………………………… 54
수양버들 ………………………………… 55
일찍 피운 꽃의 삶 ………………………… 56
홍매화꽃 ………………………………… 57
봄은 어디서 오는가 ……………………… 58
안개 ……………………………………… 59
봄이 왔어요 ……………………………… 60
민들레 …………………………………… 61
갈수록 힘든 길 …………………………… 62

3부 뜨락에 핀 글꽃

봄바람 I ································· 64
님 생각에 잠 못 이룬 밤 ············ 65
옛날을 회상하며 ····················· 66
산죽 (신우대. 조릿대) ··············· 67
고로쇠 물 ······························ 68
봄이 왔는데 ···························· 69
봄 내음 ·································· 70
내 마음 어디에 ························ 71
반가운 님 ······························· 72
따스한 봄빛 ···························· 73
꽃샘추위 ······························· 74
님이 오는 언덕 ························ 75
모닝커피 한 잔 ························ 76
우수 I ··································· 77
바쁜 봄 ································· 78
우수 II ·································· 79
봄 ·· 80
봄바람 II ······························· 81
내 마음엔 ······························ 82
나에게 향기를 ························ 83
시인들의 봄은 ························ 84
새벽 산책길 ···························· 85
내 마음만 봄 ·························· 86
냉이 된장국 ···························· 87
갈증에 물 한 모금 ···················· 88

4부 숲속의 향기

봄을 재촉하는 비 …………………………… 90
산골의 봄 ……………………………………… 91
둥근 얼굴 ……………………………………… 92
그리운 님 ……………………………………… 93
환절기 ………………………………………… 94
개밥 나무 ……………………………………… 95
달밤에 데이트 (상상시) …………………… 96
봄이 오는 소리Ⅱ …………………………… 97
입춘 …………………………………………… 98
봄소식 ………………………………………… 99
겨울비 ………………………………………… 100
동백꽃 ………………………………………… 101
한가한 겨울 바다 …………………………… 102
어머니 ………………………………………… 103
대구탕 ………………………………………… 104
매실주 ………………………………………… 105
옛동무 ………………………………………… 106
너그러운 해님 ……………………………… 107
동백꽃 사랑 ………………………………… 108
내 마음 머무는 곳 ………………………… 109
내 눈에든 너 ………………………………… 110
님의 눈에 …………………………………… 111
새해의 희망 ………………………………… 112
김밥 …………………………………………… 113
추억 …………………………………………… 114

5부 시인과 사색

정이란 무엇인가 …………………… 116
세월 …………………………………… 117
까치 사랑 …………………………… 118
겨울나무 …………………………… 119
기다리는 마음 ……………………… 120
낮이 끝날 때쯤 …………………… 121
달밤에 님 마중 …………………… 122
눈놀이 ……………………………… 123
군고구마 …………………………… 124
눈이 온다 …………………………… 125
동백꽃 피면 ………………………… 126
그 님이 오셨다 …………………… 127
겨울 바다 …………………………… 128
보름달 ……………………………… 129
눈이 오면 …………………………… 130
우리는 한마음 ……………………… 131
야식 ………………………………… 132
마지막 잎새 ………………………… 133
철 잃은 너 ………………………… 134
얼마나 산다고 ……………………… 135
겨울 날씨 …………………………… 136
사랑으로 꽃피운 나무 …………… 137
전문가가 되려면 …………………… 138
겨울나무 …………………………… 139
그리움 ……………………………… 140

하루를 시작하며 ………………………………… 141
사색에 잠긴 밤 …………………………………… 142
초 겨울산엔 ……………………………………… 143
지금 젊은이들 …………………………………… 144
이 나라 어디로 …………………………………… 145
옛날 시골 밤 간식 ……………………………… 146

1부

삶의 길

봄은 아직도

뭐가 그리 서러워서
눈물을 뚝뚝 흘리며
아침부터 울고 있나.

가는 봄이 아쉬워서
눈물 흘리면 아직은
봄꽃이 남았으니 설다 마라.

네 눈물 받아먹고
나뭇잎만 더 푸르니
여름을 재촉하는구나.

모닝커피

봄비 내리는 아침
창가에 앉아 밖을 바라본다.

밖에 나무들 더욱
푸르름이 진해진 것 같다.

어디서 구수한 커피
냄새가 난다 나도
커피가 생각이 난다.

한잔 내려와 창가에
앉아 마시는 모닝 커
피 한 잔이 포근한
여유를 가져다준다.

아카시아꽃 피면

아카시아꽃 활짝 피어
꿀벌들 날아들어 양식
장만한다. 분주하네.

봉을 봉을 하얗게 피어
있어도 예쁜데 향기까지
좋으니 벌 어찌하면 좋을까.

정신을 아카시아 꽃향기
에 홀딱 빠져 어느 꽃에
앉을 줄 갈피를 못 잡는다.

부지런한 꿀벌들 발에는
꽃가루 입에는 꿀 머금어
집 찾아가기 바쁘다.

영산홍꽃

너만 보면 옛날 임이
생각이 난다.

입술에 빨간 립스틱
바른 그 님이.

어찌 너는 내 님이
좋아하는

색으로만 골라서 칠
하고 나왔니.

그런 색 립스틱 골라
집사람에게
선물해야 할 것 같다.

봄이 오는 소리 I

봄이 오는 소리가
들린다.

냇가에는 시냇물
졸졸졸 노래하고,

버들강아지 똘망똘망
눈을 뜬다.

양지바른 들녘엔
아지랑이 아른대고,

아가씨들 바구니엔
봄을 캐어 담는구나.

라일락 꽃향기

보랏빛 꽃내음 찾아
헤매는 내 앞을 보랏빛
치마 입고,

향기 풍기며 나풀나풀
지나간다. 내가 그 향기
어떻게 잊겠느냐.

내 님 방 뜨락에 한 그루
심어 놓고 보라 꽃 필적
엔 나도 임과 함께,

너를 찾으련다. 너의
향기에 매료되어서 봄이
면 너를 찾으련다.

오월의 장미

장미꽃 피면 온다던
당신 장미꽃은 피어
활짝 웃고 있는데,

소식 없는 당신 생각
에 장미꽃 바라보며
내 님 모습 그려본다.

빨간 장미꽃 잎 바라
보면 당신 입술 생각
나고 연분홍 꽃,

쳐다보면 당신 살 내
음이 내게 닮아 와서
안길 것만 같네.

친구 잃은 벚꽃

왕벚꽃 살구꽃
쳐다보며
외로우니 친구 하자
손짓한다.

옆에 있던 박태기 꽃
나도 같이
친구 하자 수줍은 듯
쳐다본다.

예쁜 네가
친구 해주면 우리야
고맙고 감사하다.

삶의 길

인생은 보름달 언제나
둥글둥글 모나지 않은
인생길에도 시련은 있다.

해를 닮은 보름달도
밤이 되어야 빛을 발할 수 있으니
인생길에 밤은 언제고 낮은 언제일까.

사람이 살아가는 데는
좋은 사람 만나서
서로 정담 나누며 조그마한
꽃밭 하나 가꾸었으면 한다.

꽃밭에 철 따라 예쁜 꽃
피는 것 보며 세월을 벗
삶아서 한가한 노후를 생각해 본다.

화사한 봄

철쭉꽃 활짝 피니
봄은 곱게 단장하고
오신 님 맞는다.

봄놀이 나온 아가씨
내 가슴에도 봄이 왔다
방긋방긋 웃는다.

향기 찾은 벌 나비는
어느 꽃에 앉을까
갈피를 못 잡는다.

내가 벌써

나이가 많아 늙어지면
어린아이가 된단다.

어릴 때 할머님이 하신
말씀이 생각이 난다.

지금 그때 할머님 나이가
되니 할머님 말씀이,

이해가 간다. 내가 벌써 그런
나이가 된 것인가.

무엇을 쓰려고 생각했다
쓰려고 하면 생각이 나지 않는다.

옛날 할머님이 얘기하다
말고 하시던 말씀이다.

병원에라도 가봐야 할 모양이다.

싸리꽃 (조팝나무꽃)

저 높은 언덕 위에 하얀
소복 입고

먼저 가신 님 그리워
산소 찾아왔는가.

멀리서 보니 한이 서려 나는
어찌하면 좋으냐고,

먼 산만 바라보고
나 자신의 서러움에 눈물
짖고 있나 보다.

하얀 옷 눈물에 젖어
얼룩 지면 너에 순결함. 마저
눈물로 얼룩진다.

봄비

내가 가는 곳마다 모든
초목들이 나 늘 반기고 기뻐한다.

얼마나 내가 오기를
고대하고 기다렸을까.

모든 씨앗 꽃피울 화초
까지 내가 오니 반긴다.

봄 채소 모종들도 한
모금 입가심에 기지개를 킨다.

꽃 중의 꽃

세상에 꽃도 많지만
인 꽃이 제일 아름답다.

아무리 아름다운 꽃도
오래가지 못하고 진다.

인 꽃은 철을 가리지 않고 핀다.
얼굴에 웃음꽃

어린아이 재롱 피우는 재롱 꽃
부모님 자식 향한 사랑 꽃

젊은이들 마음 담아 서로
좋아하는 애정의 꽃

어느 꽃을 이인 꽃에 비할
수 있으리까.

날씨 이변 인가

봄이 오면
꽃이 피는 것이 당연한 데
올해에는 남쪽에서 서울까지
벚꽃이 같은 시기에 활짝 피어있다.

강진에는 아직 꽃잎이
날리지 않은데 서울에 오니
빨리 핀 놀이터에 벚꽃은
떨어져 바닥이 하얗다.

오는 길에
고창 선운사에 들렸는데
거기엔 아직도 동백꽃이
빨갛게 멍울저 있어 보기가 좋았다.

고창 가기 전
나주를 지나왔는데
거기에는 여기저기 밭에
배꽃이 하얀 파라솔을
꽂아놓은 것 같았다.

목련이 질 때

삼월이 떠나간다.
순백의 목련꽃

삼월을 못 잊어
눈물 흘려,

퇴색해진 잎, 술
한 잎
두 잎 벗어 놓는다.

너의 서운함은
말하지
않아도 알만하다.

온 동네 꽃 잔치

봄이 오니 온 동네가
울긋불긋 하얀 꽃
잔치 벌였다.

복숭아꽃 살구꽃 배꽃도
우리가 빠지면
잔치가 안된단다.

마을 어귀에 자줏빛
라일락이 내가 빠지면
님에게 소식은 누가
알리나 한다.

산과 들에는 개나리
진달래꽃이 고운 님
오신다고 님 마중을 나간다.

철이 되면 시키지 않아도

지난 일요일에 헬스장이
쉬는 날이라 서서울 호수공원
나들이 길에 나섰다.

꽃들은 살구꽃 매화꽃은
활짝 피어있고 벚꽃은
이제야 피기 시작한다.

나무들은 이제 잎이 파릇하고
지지 않은 큰 나무는
제법 숲이 되어가고

분수 판에는 자라 종류가
오리들을 밀어내고 자리를
차지하고 미처 떠나지 못한
오리 몇 마리만 한쪽에서 놀고 있다.

물고기도 날이 따뜻하니
낮은 곳에서 놀고 있다.
날씨 추운 겨울에는 깊은 곳에서
꼼짝하지 않는다.

온 동네잔치나네

산과 들에 꽃이 피니
온 동네잔치 났네

꽃 가마 이리저리 오고
가니 시집 못 간

복 순이 곱게 옷 차려입고
바구니 옆에 끼고

나물 캐러 가는 건지 님
찾아 나선 것인지.

엉덩이 이리 비틀 저리
비틀 손 내 저으며,

오 솔 길로 접어든 것이
나물은 뒷전이고 님
마중 나왔구나.

벚꽃 피면

동래 앞 벚꽃 활짝 피면
만나기로 약속한
내 님은 그 약속 잊으셨나.

벚꽃은 활짝 피어 웃고
있건만 내 님은 그 어디서
무엇 하고 계신지.

소식 알 길 없으니
애간장만 녹는다.
이 마당에 비라도 오는

날엔 피멍들은 꽃물로
이내 가슴은 **빨갛게**
멍울져 한 모금 토해 낸다.

할미꽃

양지바른 산소 가에
할머니가
지팡이도 없이.

허리도 못 펴고
구부리고
누구를 찾아와서.

하얀 머리카락 휘나
리며 얘네 울며
기다릴까.

할아버지 산소에서
옛 추억을
더듬고 계실까.

봄은 노란색

봄이 오면 노란색이
유난히 눈에 띈다.

노란 개나리
늘어진 가지마다
질서 있게
노랗게 달라붙어
봄이 왔다 알리고,

민들레 제멋대로
여기저기 불쑥불쑥
여기도 봄이
왔다고 알린다.

그 사이를
노란 병아리
옹기종기 어여쁘다.

봄이 오니

꽃이 피어 벌 나비
날아들고
마른 가지에 잎이
피어나니,

새들도 좋아라고
한두 마리
모여들어 새집 지을
터 잡느라
이리저리 분주하네.

사람들도 저마다
무공해 농사짓는다
주말농장 찾는다.

목련의 비애

고귀한 당신은
무슨 사연 있기에

남의 눈에 잘 띄는
하얀 옷 입고
수줍어하며

누구를 생각하느냐
보는 이의 심금을
홀리게 한다.

복스럽고 순진하게 보인
네가 안쓰럽게 보인다.

나를 품은 바다

바다는 언제나 내게
품을 내어준다.

외로울 때나 괴로울
때도 포근하게,

싫다는 내색 없이 넓은
품으로 안아준다.

그러니 나는 너를
바라만 봐도,

기분이 좋아지고
사랑하게 된다.

2부
나들목의 향기

앵두꽃

어여쁜 아가씨 찾아와
응당한 나무에 붙어서,

창문 쪽을 향해
향기를 뿜어댄다.

창문 열고
반겨주지 않으면
나는 기어이,

여기서 기다렸다
당신 볼에 앵두 입술로
뽀뽀 한 번 하련다.

바라거든 구하라

바라고 간구하면 언젠가는
꿈을 이룰 수 있다.

노력도 하지 않고
바란다고 되는 일은 없다.

옛 어른들께서 하신 말씀이
봄 나물국이 먹고 싶으면
들에 가서 캐 와야 하고,

산나물이 먹고 싶으면
산에 가서 뜯어와야 먹는다 했다.

노력 없이는 입에 들어가는
것이 없다는 것이다.

자주색 목련

자줏빛 예쁘게 스카프하고
봄 마중 나왔구나.

양지바른 따스한 뜰에
홀로 서서 누구를 찾아와서

꼼짝도 하지 않고 서 있느냐
바람에 너의 향 실어 보냈으니,

네가 찾은 님 봄바람과 같이
와있는지 모르겠다.

봄 놀이

해마다 봄이 오면
울긋불긋
꽃이 피어

벌 나비 유혹하고
상춘객들
옷차림도

색동옷 갈아입고서
봄 놀이나
가잔다.

고향 친구들

진달래꽃 만발하면
꽃구경
가자던 친구들,

지금은 옛날 친구들이
문뜩문뜩
생각나는 것이,

돌아갈 수 없는 옛날이
그리워서일까.
친구들 안부가 궁금해서일까.

진달래꽃 개나리는 지금도
활짝 웃고 있건만
같이 놀던 친구들 지금은
어디에.

얼어붙은 내 마음

설한 풍에
겨우내
문풍지는 설다 울고,

님의 마음
이불 속에 묻어두고,

눈 속에 감춰둔
이내 마음
봄이 오면 풀리려나.

꽃은 피어
벌 나비 임 찾아드는데,

소식 없이 떠난 님 얘네
울며 기다리는
이내 마음
어디에 하소연할까.

축제 마당

섬진강 변
매화 꽃님 오시는
축제 마당,

손님 맞을
준비에,
연분홍 치마에
빨간 저고리 입고.

하얀
면사포로
치장하고 님 오시길
기다리니,

오시는 님
황홀경에
방긋방긋 웃는구나.

참깨 볶는 날

어머님이 부엌에서
참깨를 볶는다.

큰 밥솥이 가마솥같이
크나큰 솥에
참깨 대 솔솔 때며
깨를 볶는다.

집 주위 여러 집을 고소
함으로 향기를 풍긴다.

옆집 아줌마
형님 깨 볶나 보네.
나 나물 무치다 왔는데
깨 한 줌 주소 한다.

그러소 하며 한 대접
푹 퍼서 드린다.
옛날 인심은 넉넉하고
인정이 넘친다.

목련꽃

순백의 순결하고
고귀한
너의 자태,

님이 너에게 반해
너만을
가슴에 담아놓고,

먼 길 가려니 발길
떨어지지
않아 뒤돌아

보고, 너의 모습 또
한번 마음으로
안아본다.

소중한 물

네가 있어 만물과
내가 생을 이어갈 수 있다.

매일 같이 너를 대하면서
너의 소중함을 잊고 지낸다.

네가 귀중하고 소중함을
이제야 생각하게 되는구나.

저녁노을

산마루에 걸터앉은
아름다운 저 노을도,

태양 빛이 아무리 밝다 한들
구름이 도와주지 않으면,
아름다운 연출을 하지 못한다.

우주의 이치가 이럴진 데
사람도 서로 돕고 살라는가 보다.

보고 싶은 님

희고 발그레 한
얼굴에
연분홍 입술,

노란 늘 꽃잎 입에 물고
서 있는
저 아가씨,

내가 그리 에네 울며
기다리던
우리들의 님,

저 님도 이날을
얼마나
기다렸을까.

겨우살이 I

겨우살이 너는
편하게
사는구나,

남의 등에 엎드려
남의 젓
먹고사는 너,

업고 있는 어미 야
말라죽던
말건 신경 쓰지 않고

사시사철 푸르니
채면 도 없고
염치도 없구나.

겨우살이 II

밤나무 졸참나무 벚나무
등 나뭇가지에 기생하며

수액과 양분을 빨아먹고
자라는 겨우살이 낙엽

다 떨어진 나뭇가지에
녹색으로 무리지 여 여기저기

매달려 있는 걸 설악산
가는 길에 보았다.

작년 봄에 구례 산동에서
내가 무릎 관절이 좋지 안다는

소식 듣고 겨우살이를
보내주었다.

요통과 무릎 관절에 좋다고
보내준 건데 아직 끓여
먹어보지 않았다.

그리움

따사로운 봄날에
꽃은 방긋이
웃고 있건만,

봄에 온다던 그 님은
소식이 없으니 내
마음만 처량하다.

저만치 산모퉁이에
아지랑이 아른데니
행여나 하는

맘에 산모퉁이 달려가니
아지랑이 간 곳 없고
찬 바람만 불어온다.

경칩이 지났다

봄이 온 것이다.
모두가 기다리고
기다리던 봄

대동강 물이 풀리고
남쪽에 꽃바람도
좋지마는

모든 만물이 활기를 찾아
봄을 환영하고
사랑하는 봄이,

머지않아 청보리 배
볼록하고 모든
산나물 나와,

사람들의 입맛을 찾아
줄 봄이라는 철
머지않았다.

밤비가 온다

조용히 대지를 적신다
봄을 재촉하는 비가
오는 것이다.

이 비가 오고 나면 모든
씨앗들 눈 비비고
일어날 것이다.

모든 나무들도 잎눈 만들어
고운 사랑 품에 안고
젖물여 정성으로 키운다.

이 봄비야말로 모든
초목들에 생명의 젖줄이고
사랑에 베풂인 것이다.

수양버들

옛날 아가씨들
머리카락 같이

쭉쭉 늘어진
능수버들 가지에
물이 올라
파릇파릇 한 잎,

바람결에 흔들리며
같이 놀자
손짓하네.

물가에 저 아가씨
머리 감고
나오셨나
예쁘기도 하여라.

일찍 피운 꽃의 삶

개울가 매화꽃
예쁘게 피어 향기
풍기며 자태를
자랑한다.

저 향기 바람에 실려
한순간은 멀리
주위를 향긋하게
하겠지만,

어이할까 그 바람이
저 꽃잎 한잎 두잎
개울물에 배 띄우니,
화 무는 십일 홍

오래가지 못한 것을
옛말이 귓가에 맴도네

일찍 피었다. 일찍 가는
것이니 서럽다 마소.

홍매화꽃

겨우내 설한풍에
붙이 꺼
입술마저 피멍이 들은,

너의 향을 봄에
실어,
너의 건재함을 사방에

알리는구나, 그러한
너를 누구나
예쁘고 사랑스레
쳐다본다.

봄은 어디서 오는가

봄은 남쪽에서
불어오는
바람이 꽃 소식부터

전해 온다고 하지만
그 바람보다.
더 빨리 불어오는
바람이 있다.

그것은 시인들의 필
끝 바람이다.
시인님들 머릿속엔

어디에고 이미
봄이 와 있다.
그보다 빠른 바람 또
어디에 있을까.

안개

새벽 일찍 님이
온다는 소식
설레는 마음에

개천가 지름길
오솔길엔 안개가
자욱하게 끼어

있어도 **빠**른 길이
이 길이니 발길이
이 길로 인도하네.

봄이 왔어요

봄이 왔어요. 논에
못자리 해놓은 것
어떻게 알고

개구리 부화장만
들었네
수놈 개구리
암컷 쫓아
다니며 개골개골

봄이 와서 좋다고
개골개골
이리 뛰고 개굴개굴
저리 뛰고 개굴개굴

봄 오니 살판났다
개골개골
봄의 논은 오로지
너희들의 사랑 터로구나.

민들레

민들레 아무 데나 뿌리
내려 노란 꽃피워 벌
나비 유혹한다.

홀씨 운 좋아 기름진
땅에 내리면 탐스럽게
자라서 키도 크고

꽃도 크니 벌 나비
나풀나풀 자주 찾는다.
어쩌다 운 없는 홀씨

사람 다니는 인도 돌틈 사이에
뿌리내려 치이고 밟혀도
노란 꽃피워 벌 나비 유혹한다.

갈수록 힘든 길

시는 항시 상상에 날개를
펴고 앞을 달린다.

그러지 않으면 시가 맛이
없다 그것이 창작이고 시다.

작가는 보고 느낀 것을 글로
옵 겨 표현하는 것이다.

시를 잘 쓴다는 것은 쓰고
자 하는 것을 잘 포장하고

다른 곳에 살짝 기대여 보는
것도 맛 내는데 한 방법이라

할 수 있다. 그러나 나 같은
초년생은 비유법과 은유법을

적절하게 사용하지 못하니
사용할 생각을 안 한다.

너무 많이 사용해도 읽은 나
같은 사람은 이해하기 힘들다.

3부
뜨락에 핀 글꽃

봄바람 I

오솔길에 봄바람이
산들산들 불어오니

봄 처녀 분홍 옷에
노란 치맛자락
나풀나풀 나비 춤추며

님 마중 왔나 보다.
서 있는 자태도
예쁘니 마음 또한 곱겠다.

저들에는 님 마중
나온 봄 처녀가
저리도 많은가 웃음꽃이
활짝 피었네

님 생각에 잠 못 이룬 밤

봄바람 살랑살랑
꽃향기 실어
오는 어느 호수가 둑,

먼동도 트이지 않은
이른 새벽에
잠이 오지 않아 나온.

호수가 아직도 별들은
물속에서
선잠 자다 꿈을 깬다.

저 별도 나와 같은 님
생각에 선잠
깨어서 나왔구나.

옛날을 회상하며

어릴 때 우리는 끼리끼리 모여
어울려 다니며 봄이면
여자들은 나물 캐고,

남자 아이들은 소먹이 풀
캐느라 논둑 묶은 밭고랑 다니며
한 망태기씩 캔다.

소 키우지 않은 집 아이들은
할 일 없이 따라다니며
장난치며 놀 때가 추억에 남는다.

여름엔 여자들은 다슬기 잡고
사내아이들은 물 돌려막아
고기 잡으며 물놀이할 때가
제일 좋았던 것 같다.

산죽(신우대·조릿대)

옛날 나 어릴 때 큰길 위
우리 밭 가에 굵은 산죽이
(신우대) 많았다.

그것 잘라 와서 피리 만들어
불고 낚싯대 만들어 비 와서
큰물 지면 피라미 낚았다.

그것도 얼마 가지 못하고
다 없어지고 깊은 산 응달쪽에만
많아 김발대로 차로 실어 나갔다.

피리 퉁소 낚싯대는 일반
대나무가 자리매김하였다.
지금은 숲이 우거져서
들짐승도 다니기 힘들 것이다.

고로쇠 물

고로쇠 물이 좋다는 소리는
들었어도 어디에 좋은지
말로는 들었어도 믿음이 안 간다.

그래서 일단 먹어보기로 했다.
뼈에 좋다 해서 골리수라나
듣기론 위장에 좋고

몸에 노폐물을 빼준다니
이 물먹고 몸이 좋아지면
얼마나 좋을까.
꼭 그렇게 되었으면 좋겠다.

봄은 왔는데

봄은 왔는데
남쪽에서
불어오는 바람이

꽃 소식 보내는 걸 잊었나
남쪽에만 두려고 하는 것인가.

경칩이 일주일 남았는데
여기에는 꽃,

소식이 없으니
꽃소식 개구리 네가
데리고 와야겠다.

봄 내음

아낙네들 나물케는
모습을 보니
봄이 오기는 왔나 봅니다.

호수 공원
양지바른 곳에서
쑥을 캐나
냉이를 캐는 것인지
땅만 보고,

나물을 캐고 있는 것이
봄이 오기는 온 모양이다.

내 마음 어디에

꽃향기에
사랑을 싣고

님 계신 곳
찾아왔는데

임은 계시지
않으니

이내 마음은
아직 겨울인가

찬 바람만 불어
오네요.

반가운 님

너희 밝은 미소를
볼 수 있어 내 마음
설레는 것은 내가
너에게 반한 모양이다.

연분홍 치마에
노란 저고리 누가 봐도
너희에게 반할 만하구나.

겨우내 어디에 있다,
이제야 나타나 여러 사람
눈을 황홀하게 하느냐.

조금만 빨리 왔더라면
새하얀 흰 고무신 하나
신겨 드렸을 것을.

따스한 봄빛

모든 만물에 생동감을
주는 따스한 봄빛에
훈풍이 불어오니,

나무들은 나무들대로
눈망울 늘 굴리어
잎눈 만드느라 바쁘고,

꽃나무는 꽃눈 만들어
방긋방긋 꽃봉오리
눈을 뜨네.

흙 속에서 잠자던 다연 생
씨앗들 눈 비비고
뽀짝이 움 틔워
땅 헤집고 나온다.

꽃샘추위

어제까지 만해도
따뜻하던 날씨가,

갑자기 추워 저서
얇게 입은 겉옷이
춥게 느껴진다.

꽃샘추위가 온 것이다.

벗어놓은 패딩을
다시 입어야 할 것 같다.

날씨가 변덕을 부리니
감기 조심하시길 바랍니다.

님이 오는 언덕

님이 온다. 남쪽 언덕
저만치 모퉁이에
누구를 기다리며 서 있을까.

님이 오신다기에
미리 나와 기다리는데
그 님은 오지 않고
찬 바람만 불어오네.

애태운다고 온다더냐
때가 되면 올 터이니
마음 놓고 기다려라
예쁜 꽃다발 들고 오실 테니.

모닝커피 한 잔

아침에 일찍 일어나
커피가 생각이 나
모처럼 커피를 한잔 내렸다.

한잔하다 보니 지난주
토요일에 동창 모임에 갔다

다섯 명이 먼저 나온다.
촬영한 사진이 생각이 나서

각자 한 장씩
보내 주어야겠다는 생각에
찾아보니 야경이 너무나 멋있다.

깜빡 잊고 넘어갈 뻔한걸
여유 있는 커피 한 잔이
그때를 회상하게 한다.

우수 I

雨水 빗물이 땅을 녹여
만물이 새 뿌리를

내리게 한다는 우수가
내일 19일입니다.

옛날부터 우수 경칩이
지나면 개구리도 나와

활동한다고 했습니다.
모든 초목이 눈을 뜨고

성장의 꿈이 부풀 때입니다.
농민들도 논밭 갈아
씨 뿌릴 준비에
바빠질 때입니다.

바쁜 봄

봄봄봄 너도나도
님 찾으니

여기저기 찾아가
인사하느라.

바빠서 늦으시나
보다.

님이 늦으니 꽃님
도 따라 늦네.

우수 Ⅱ

우수에 맞춰 임이 올
모양이다.

토요일 늦은 시간부터
일요일 오전 사이에 임이

아직도 꽃샘(추위가 한
두 번은 찾아올 것 같다.

그 임이 오고 나면 땅속에
모든 생명들 꿈틀거리고

나올 준비 하느라 기지개
켤 것이다.

봄

봄은 아낙네들 옷 색에서
봄이 온다.

나물케는 날이 아가씨들
님 마중 가는 날이다.

두세 명씩 무리 지어 무슨
나물 캐는지 깔깔대며

신이 났네 님을 캐는 건지
나물을 캐는 것인지,

노랑 빨강 남색 옷에
아지랑이 아른대니

밭일하는 동내 총각 거기에
정신 팔려 일손이 더디다.

봄바람 Ⅱ

훈훈한 봄바람이
연분홍 저고리,

스리슬쩍 들추니
아가씨 부끄러워,

허리 굽혀 인사 하네
산동마을 아가씨는,

부끄러운 줄 모르고
노랑 치마 펄럭이며

이 동네 저 동네로
향기 풍겨 자랑하네.

봉긋봉긋 젖가슴이
터질듯해 어여쁘다.

내 마음엔

내 마음 자고 나면
내 얼굴엔 꽃이 핀다.

밖에 나와 새들 노는
모습에도 웃음꽃이 핀다.

재미있게 놀다가 한
미리 날아가면
모두 다 날아간다.

친구를 잃은 기분이 든다.
마음이 허전해
웃음이 싹 가신다.

나에게 향기를

섬진강 가 마을
월등 들녘의

매화꽃 향기를
바람에 실어

나에게 전해 주네
그 향기
님의 향기

아니지 내 님은
구례 산동에서

노란 치마 입고
기다린다 했지.

시인들의 봄은

시인들의 봄은 바쁘다.
시인들 마음에
봄은 빨리 온다.

시를 쓸 때 지나간 봄에
대한 때와 생각을
앞에 두고 쓰기 때문이다.

올해 봄은 겨울의 미련이
많이 봄인가보다.
다음 주부터는 훈풍이

봄을 데리고 오겠지 하면
눈비가 오고 추워진다.
봄이 떼를 써도 머지않아 온다.

새벽 산책길

길가 풀섶에 이슬이
맺혀있다.

수정 같은 은구슬이
대롱대롱

그네 타며 방울 속에
님 모습 담아,

누구에게 보여주려고
떨어질까 봐

조심스레 떠받는다.
내가 도와줄 수 있다면

차가운 은방울 가슴에
인고 덥히 주고 싶다.

내 마음만 봄

오늘 낮에 모처럼
들녘에 나가 보았다.

땅이 녹아 발이 푹푹
들어간다.

비닐하우스에는 시금치가
파릇파릇 나와 있어,

거기서 내게 아쉬운
봄 내음을 전해준다.

꽃은 볼 수 없었지만
그것으로 서운면은 하였다.

김포대로 건너 둑 언덕에
한번 가보고 싶었는데

꽃 보러 갔다 못 보고
온 것이 못내 아쉽다.

냉이 된장국

냉이와 된장에 풋
고추 만나니
내 입맛엔 더할 바가 없다.

이것이 봄맛인가 보다.
국물 한입에
입안에 향기가 가득하니

내가 봄을 다, 먹은 것
같아 한참
그 맛을 음미해 본다.

갈증에 물 한 모금

아름다운 봄 아가씨
추운 겨울 땅속에서

기다리고 바라던
단비에 마른 목축이니

뽀짝이 고개 내밀고
부끄러워
머리 들지 못하고

실눈 뜨고 세상 구경
하는구나
빨리 자라 꽃피워라.

4부
숲속의 향기

봄을 재촉하는 비

먼 산봉우리에
안개비가
점점 짙어지며
계곡을 감싸 안는다.

목 축이려 나목들이
바라고 기다리던
달콤한 생명수인 것이다.

봄비는 많은 비보다,
보슬비나 짙은
안개비가 더 좋다.

떨어진 낙엽이 물을
머금어 언 땅을
녹여주니 봄기운을
빨리 찾을 것이다.

산골의 봄

산골 골짝에
얼음이 녹으니
실개천에 물이 졸졸
소리 내어 흐르고,

양지바른 앞산엔
장끼가 푸드덕
소리 내며 날아간다.

산골에 봄을
알리는 소리인가
정겹게 들린다.

둥근 얼굴

해돋이를 보러 갈까?
달맞이를 나갈 거나?

이것저것 때려치우고
님 마중이나 가야겠다.

기왕에 가려거든 저 달
활짝 웃는 보름밤에

나가야겠다. 저 달이 밝게
비춰주니 님의 얼굴이 달.

그리운 님

바람이 불어오면 내 님
소식 전해 오려나
이내 마음 설레네.

기왕이면 훈훈한 바람
불어와 기쁜 소식
전해오면, 어깨춤이

더덩실 절로 나올 것
같은데 기다리는 그 님
소식 왜 이리 더딜까.

환절기

오늘 처음으로 두꺼운
패딩 점퍼 벗어놓고
조금은 얇은 점퍼로
바꿔 입었다.

점퍼 하나 바꿔 입었는데
가벼워 날아간다고
해야 하나 정말 가볍게
느껴진다.

거기다 지하철 타러 가다
마스크 벗어보니 살맛 나는
세상이라 생각이 든다.

계속 여러 사람 모이는
곳에서도 마스크 벗고
사는 세상이 빨리 왔으면
하는 생각이다.

개밥 나무

봄을 기다리는 개밥 나무
무엇이 그리 급해,

졸졸 흐르는 개울가에
눈망울 부라리며.

차가운 물에 빨대 담가
빨아들여 물 올리면,

아이들 너 늘 꺾어 피리
만들어 불 터인데.

그 애정 가상도 하구나
네 한팔 기꺼이 헌납을.

달밤에 데이트(상상시)

저 달이 우리를 초대하네
밝은 달밤에 오라시면
우리는 못 갑니다.

걱정 말고 오너라 구름더러
가려줘라 할 테니 안심하고
놀다 가거라.

나도 혼자 심심하니 너희들
사랑 이야기나 들어보자.
전엔 너희들 오면 내가.

구름 뒤에 숨었는데 오늘
보름밤은 너희 둘과 사랑의
웃음꽃 피우는 이야기 들어보자.

봄이 오는 소리 Ⅱ

들에 일찍 나가면
얼었던 땅이 녹아
습기를 머금고 있다.

양지바른 언덕엔
이름 모을 풀들이
파릇파릇 뽀짝이 움이 나온다.

그중엔 내가 아는
반가운 봄 나물해
먹던 냉이 쑥부쟁이,

쑥 앞다투어 머리 내민다.
지금도 냉이와 쑥은
된장국 끓여놓으면
맛있을 것 같다.

입춘

입춘이면 남녘땅엔
곱게 입은 아가씨들.

봄나물 캐러 가려나
연분홍에 노란 치마.

멀리 봐도 예쁘구나
예쁘게 차려입은 게.

봄나물은 핑계 대고
님 마중 나섰구나.

봄소식

봄비인가 님이 빨리 가자
재촉하는 것인가, 입춘은

아직도 삼주나 있어야 입춘인데
벌써부터 재촉하면

오던 님도 발병 나서 못 오시면
그 원망 어떻게 들을

거냐 그러지 않아도 벌 나비
기다린 지 오래인데, 그 님
소식 나도 빨리 듣고 싶다.

겨울비

겨울비가 촉촉하게
봄비같이 내린다.

앙상한 나뭇가지들
날씨를 혼동하여

여기저기서 빨대로
물먹는 소리가

내 마음속까지
들리는 것 같아
내 갈증을

해소하고 먼 산으로
물러나니 내 마음

저 운무가 감싸 안고
갔으면, 좋으련만.

동백꽃

아가씨 수줍어 파란
잎 뒤에 숨어

살포시 내미는 홍조 띤
모습 임 기다리나,

고개도 못 들고, 하얀 눈
맞으며 떠나지 못하고

눈물 흘리고 우는 눈이
더 붉게 보인다.

한가한 겨울 바다

요즘에 문뜩문뜩
어디론가 떠나고 싶다.

경관이 좋은 섬이나
갈매기 춤추는

바다가 모래사장
내가 좋아하는 사람과

정다운 이야기 나누며
걷고 싶은 생각이 난다.

집사람 시간 되면 같이
내일이라도 떠나고 싶다.

내가 너무 하는 일이 없어서
이런 생각을 하는가 보다.

어머니

먼 길 떠나신 지
오래인데

지금도 생각나는
어머니

해거름에 오시려나
달이 뜨면 오시려나

깊은 밤 꿈에라도
한번 찾아 주시려나

살아 실제 저리 서라
말 한마디 없으신

어머니 보고픈 마음뿐
죄송합니다.

대구탕

요즘엔 대구탕이
일미라네요.

대구는 암컷보다는
수놈을 더, 좋아

한다는데 왜일까요?
암컷이 알도 있고

더 맛있어 보이는데
수놈이, 고니가

많이 들어 있어 맛이
있다나요.

매실주

옛날 시골 할아버지
들 정자에 빙

둘러앉아 상도 없이
매실주 앞에 놓고

안주는 풋고추 와 상추에
된장이 전부 그런데도

매실주 술맛 좋으시다고
설중매에 대해 시조를 푸신다.

옛 동무

동지섣달 기나긴
밤에 잠은 오지 않고
많은 생각이 뇌리를
스치고 지나간다 .

옛날에 같이 지내던
친구들은 어떻게
지내고 있을까 건강히
잘 지내고 있는지

전화라도 가끔 주고
받았으면 덜 궁금할 텐데
늘 인제 와서 생각하니

연락도 못 하고 지낸
친구가 한둘이 아니다.
내 미안한 마음이 든다.

너그러운 해님

언제나 아침이면
잊지 않고 찾아온
저 친구

언제 보아도 반가운
너야말로 없어서는

안될 둘도 없는 친구
모든 만물이 너만을

사모하고 내가 어루만져
주기를 바라니

귀찮을 법도 하건만
사랑에 웃는 얼굴로
대하는구나.

동백꽃 사랑

당신은 아는가
나뭇잎 뒤에 숨어

수줍어 얼굴 붉히며
하얀 면사포 쓰고

내가 빼꼼히 바라
보고 있는 것을

사모하는 마음이 이런
것인가 보다.

내 마음 머무는 곳

님이 계신다기에
고향을 떠나 너 하나

믿고 나 홀로
여기까지 와 기다리는

이내 처지 모를 네가
아닌데 나보다 네가

힘들고 마음 아픈 것 같아
나 고향으로 가야겠다.

내 눈에든 너

나뭇잎에 하얀 꽃
사랑스러워 만지니

좋다고 스르르 내게
온몸 불사라 스며드네.

미안하다 내가 너를
안을 수가 없으니

좋아하는 것도 서로가
조건이 맞아야 하나 보다.

님의 눈에

너에 맑은 눈에
내가 들어 있네.

너의 눈 호수에
단둘이 앉아,

서로 바라보니
그 안에

모든 것
다 있을 줄
알았는데

그 안엔 사랑
밖에 없네.

새해의 희망

세월이라는 한배를
탔어요. 우리는

힘들게 가도 한배에
타서 가고

즐겁게 가도 한배에
갑니다

좋은 인연 도 악연도
모든 인연
한배에 탔으니

같은 인연 아니던가
올해엔

우리 같이 가는 길
즐겁고 행복한 배로
갑시다.

김밥

어디서나 편하게
가지고 다니기 좋고

먹기 편하고 맛있는
김밥, 어느 장소에서나

잘 어울리고
어느 나라 사람이나
다 좋아하는

김밥은 옛날에는 명절 때나
김밥을 만들어 먹었다.

그렇지 않으면
김에 참기름 발라 구어
육 등분 하여

쌀밥에 싸 양념장 찍어
먹는 그 맛도 그만이다.

추억

나이가 들어가도
젊었을 때가 생각이
나는 건,

그때가 힘들고 좋았던
일이 많았기
때문일 것이다.

인간의 기억엔
좋았던 일 즐거웠던
일 힘들고 고단했던

일이 제일 먼저
추억으로 남아
그때를 회상하게 한다.

5부
시인과 사색

정이란 무엇인가

정이란 무엇인가
네가 있어 정을 알았고

네가 있어 사랑을
알았다

언제나 감싸주고
이해하고

보살핌에 감동하며
너라는 인간이

따뜻하게 나에게
닦아 왔을 때

이것이 정이고 사랑
이라는 것을.

세월

세월아, 너는
누구를 찾아가는데
하루도 한눈팔지 않고
한참도 쉬지 않고

무엇이 그리 바빠서
비가 오나 눈이 오나
쉬는 법이 없느냐
내가 너라면

좋은 곳 찾아 구경하고
맛있는 것 있으면
배불리 먹고 좋은 곳 있으면

재미있게 놀기도 하고
쉬엄쉬엄 어려운 일 있으면
편리 봐줘 가며 즐기며 가련만.

까치 사랑

한겨울 버드나무 위
덩그렇게 앉아있는
까치 한 마리

네가 울면 반가운
내 님 오시려나 너
울기만 기다려도

너는 울 생각 없이
네 님만 찾는 거냐
내가 너라면 어디라도
훨훨 날아

님 찾아가련만
가지 못해 타는 가슴
숯덩이가 되는구나.

겨울나무

앙상한 가지에
바람이 불어와도
씩씩하게 서 있는
겨울나무

벌거벗고 추워도
춥다 말없이
동지섣달 설한풍
다 맞으며

내년 봄에 새 옷 입을
씨눈 틔울 자리
만드느라 고심
하는 중인가 보다.

기다리는 마음

하얀 나비 나풀나풀
나뭇가지에 앉자

사방을 두리 번 거리네
어디고 빠진 곳 없이

꽃잎이 쌓여 있네
순백의 하얀 너희들은

어디서 오는 거니 님이
그리워 봄을 기다리는

내 마음이 싸늘한 기운이
와닿는 것이 겨울인가.

낮이 끝날 때쯤

노을이 세월의 강을
건너 여기까지 와

산마루에 걸터앉아
예쁘게 단장하고

가는 세월 유혹이라도
하려나

어쩌면 그리 곱게
물들였느냐

황혼에 혼자 떠나기
억울한 거로구나.

달밤에 님 마중

휘영청 밝은 달밤에
님이 온다기에
마중 나선 이 발길

대지가 흰 눈으로 덮여
몇 리가 한눈에 들어와
대낮 같은데

별빛만 비추는
캄캄한 밤보다 더 스산한
느낌이 드는 것은 왜일까

그이가 내 곁에 있으면
정겹고 다정해 좋은
느낌만 느껴질 텐데

사람 그림자도 안 보이니
내가 생각해도 나 자신이
처량하여 눈물만 나네.

눈놀이

모처럼 함박눈이
오니 옛날
눈 오는 날이

생각이 나서
오리 새끼
몇 마리
만들어 봅니다

그때는 집에 있는
모든 것이
눈놀이하는데
도구로 쓰이죠

조그만 쪽박
수저 손에 잡힌 것
모두가
다 동원된다.

군고구마

속살이 노란 게
입을 벌리면
하얀 입김 헉헉대며

구수한 냄새로
사람들을 유혹하니
누가 너를 멀리할까

이 추운 겨울 날씨에
호호 불며 네 몸을
탐하니 얼어붙은

이내 가슴 덥혀주니
너야말로 나에게
둘도 없는 님 이구나.

눈이 온다

기다리고 기다리던
눈이 온다
그것도 함박눈이

어느 집도 가리지 않고
골고루 나눠주네

저 하얀 눈이 쌀가루
였으면 떡이라도 하여

이번 산타 할아버지
편에 필요한
분께 전하고 싶네.

동백꽃 피면

동백꽃은 피었건만
오신다던

그 님은 동백꽃 핀 것을
모르시나 아니 오게

雪 寒 풍에 마음 떨어
잠 못 이룬

이내 심정 뉘라서
알아줄까

눈치 없는 동백꽃 한나
둘 속절없이 지는구나.

그 님이 오셨다

반가운 그 님이
내게로 와서 말없이
나에게 안긴다

끌어안고 얼굴을
비비고 안고 놓으려
하지 않는다

멍하니 그 친구
얼굴만 바라본다
그녀는 세월이
비껴간 모양이다

정말 이상한 일이다
한 번도 생각해 본적
없는 그이 꿈을.

겨울 바다

황량한 겨울 바다
백사장에 홀로 서서

누구를 만나러
바람 부는 모래언덕에

코트 자락 휘날리며
무슨 생각에

시간 가는 줄 모르고
멍하니 파란 수평선만
바라보고 있을까

여기가 마지막 먼 길
가신님
출발 지점 인가보다

어디서 왔는지 하얀
갈매기 그 앞에서 날개짓
인사 시킨다.

보름달

보름달이 나를 보고
웃고 있네
오늘은 왜 혼자
왔느냐고
나를 보고 묻고 있네

언제나 둘이었는데
혼자 오니 내가
쓸쓸해 보이나 보다

님 떼어놓고 왜 혼자
왔냐고 묻고 있네
오늘은 연락이
않되 행여 여기 왔나
하고 혼자 왔네요.

눈이 오면

눈이 오면 어렸을 때
생각이 난다

자고 나서 방문을 열면
소리도 없이 밖에 눈이

수북이 쌓여있는 눈을
보면 기분이 황홀해진다

빨리 일어나 제일 먼저
발자국 남기려고 옷 주어
입고 나가

동그랗게 꽃 만들어 놓고
마당에 꽃 피었다고 좋아한다

나이 들어도 어릴 때 추억
이 그리워 생각이 나는가 보다.

우리는 한마음

흰 눈이 많이 와서
나의 마음
하얀 마음 만드니

모든 것이 내 눈엔
하얀 꽃이 피었네

이 세상 모두가 깨끗
하고 맑은 사회가
되였으면 얼마나 좋을까요

우리 민족 백의민족
한마음 한뜻으로
나라 경제 이룩하세.

야식

동지섣달 춥고
긴 밤에
혼자 외로이

잠을 팽개치고
정처 없이
집을 나선 저 친구

누구를 만날
심사인가?

포장마차 앞에서
발길을 멈춘다

거기에 아마 님이
있나 보다.

마지막 잎새

너는 무엇을 못 잊어
가녀린 끝에 매달려
떠나지 못하고

모든 풍파 마다않고
외로이 홀로 매달려
누구를 기다리느냐

모두가 떠난 앙상한
가지에 눈이라도
오는 날에는 너마저

눈에 파묻혀 오도 가도
못한다 기다리는 것도
처량하게 보이는구나.

철 잃은 너

누구를 기다리는데
차디찬 문밖에서

눈바람 맞아가며
꿋꿋하게 서 있는 너는

떠날 철도 지났건만
무엇이 너를
애처롭게 하는가

너 보기가 안쓰러워
내가 너 데려가

옷이라도 입혀주고 싶다만
장미꽃 너 꺾어야 하니 그것
또한 난감하다.

얼마나 산다고

우리네 인생 살면
얼마나 산다고 아웅다웅
기를 쓰고 살게 뭐가 있겠소

나이 들어 황혼에 들어서니
뒤를 돌아보게 되는구려

내가 살아온 세월이 엊그제
같은데 칠순을 홀딱 넘겨

앞을 바라보니 저 단풍 이불
몇 년이나 더 덮을까

벌써 떠나간 친구들 한둘이
안인데 참으로 세월이 허무하다.

겨울 날씨

여태껏 바람 없이
온화하던 날씨가

갑자기 추워져서
내일부터 영하의
날씨가 된다 는대

겨울옷으로 갈아입고
완전무장 단단히 하소

삭풍이 불어오고
찬 눈이 온다 한들
무엇이 걱정일 가

멀리 떠난 우리 그
님 오시는 길

미끄러워 못 오실까
그것만이 걱정일세.

사랑으로 꽃피운 나무

사랑으로 꽃피운 나무는
열매를 맺는다

탐스러운 열매 보고 먹기
위해서 거름 주고 물 주어
정성 들여 가꾼다

사람도 마찬가지다
어릴 때부터 애정과 사랑으로
가르쳐 보살핀다

다 자식 잘되기를 바라는
부모의 마음이다 누구나가
다 같은 마음일 것이다.

전문가가 되려면

사람들은 산이 좋아
산에 가고

우리는 시가 좋아 글
밭에서 산다

산 사람은 산을 잘 타야
등반 가라 할 수 있고

글 밭에 사는 사람은 시
늘 잘 써야 시인이라
할 수 있다.

전문가가 되려면 그 분야에
인내와 노력뿐이다.

겨울나무

푸르던 때 그리워하며
외로이 서 있는 앙상한
겨울나무야 너는 지금
누구를 부러워하느냐

너희가 있어서 세월의
오고 감을 알 수 있단다
봄이면 꽃이 봄을 알리고
여름이면 푸른 잎 그늘이

새들의 안식처 되어주고
가을이면 우굿 불굿 단풍
산과 들을 아름답게 물들인
때가 있었으니 사철나무
부러워할 것 없느니라.

그리움

언제나 내 마음에서 떠나지
않은 그 님이 오시려나

날씨가 흐린 것이 비가 오려나
눈이 오려나 비가 오면 내
가슴에 빗물 고이면 빗물로
그리움 씻어 보내고

눈이 오면 눈과 함께 그리움
버무려 눈사람 만들어 가슴
한편에 세워놓고 그리움
달래볼까?

아~ 어이할까 이 내 심사
보낼 수도 없고 가슴에 담을
수도 없으니 애타는 이내 마음.

하루를 시작하며

겨울밤이 길어도 자고 나서 깨면
아침이라는 하루가 시작된다

아침에 기분이 좋은 것이
오늘은 좋은 일만 생길 것 같다

긍정적인 생각으로 하루를 열어가면
언제나 기분이 좋아진다

기분이 좋아야 하루가
즐겁고 행복할 것이다
모두 행복하길 바랍니다.

사색에 잠긴 밤

이 생각 저 생각하다 보면
고향 생각과 친구 생각이 많이 난다

어릴 적 봄이면 들로 산으로
봄나물 캐고 산나물 뜯는다고
또래끼리 무리 지어 다닐 때가
엊그제 같은데

해 놓은 것 없이 석양에 노을
늘 바라보고 있으니
허무한 것이 인생사인가 봅니다

초겨울 바람에
가랑잎 날리는 것만
보아도 황혼인 우리네도
저 가랑잎처럼 떠나가면
돌아올 수 없는 것을.

그래도 희망이라는 나무 한 그루
심을 시간은 있지 않은가

초 겨울산엔

초 겨울의 산엔 아직
떠나기 싫은 가을에
흔적이 여기저기 남아있다

예쁘게 물들 엇든 단풍들에
잎들 아직도 미련이 남아
여기저기 남아있다

가끔씩 돌감 빨갛게 꽃처럼
예쁘게 남아 새들에 먹이가 되어
지나가는 새들을 유혹하고 있다

이름 모를 나무 열매 송을송을
주황빛으로 예뻐 우리 눈은
현혹되어 발걸음을 재촉하여
한 송이 꺾어 든다.

지금 젊은이들

꿈을 먹고 사는
우리는 각자가 생각하는
꿈은 다를지라도

앞날을 생각하고
설계하는 꿈이라 생각한다

젊은이들 꿈은
자기들 일상이 편하고
편리하게 득과 싫을
잘 따져 설계한다

지금 젊은이들은
이래라 저리해라 할 필요가 없다
참으로 영리하다.

이 나라 어디로

졸졸 흐르는 개울물이
흘러가며 친구들 모아
시냇물 되었네

시냇물은 흘러가며 골짝
물 모아 강물을 만들겠지요

우리네 인생도 모으고
모여서 단체가 되겠지만

일반인 친목 단체는 서로의
믿음과 사랑으로 친목의
꽃을 피우는데

배움이 많다는 높으신 분들
국민이 뽑아주니 당파 싸움
왼 말인가

지금이라도 머리 맞대고
나라 경제발전에 힘써 주었으면
하는 국민들 바램이네.

옛날 시골 밤 간식

밤이 긴 동지섣달에는
일찍 저녁밥 먹고
몇 시간 후면 출출하여
간식이 생각이 난다.

시골에서는 고구마
밖에 내어놓았다.
날 걸로 깎아 먹거나
감 따서 억 가래에
담아 놓은 것이 간식 거리다.

그것도 없으면 무
구덩이에서 무 가져다
깎아 먹는 것이 유일한
소일거리 간식이다.

제목: 내 마음이 머무는 곳

초판 1쇄 인쇄 2023년 04월 24일
초판 1쇄 발행 2023년 04월 28일

지은이: 최강숙
펴낸이: 서인석
편집 및 디자인: 서인석· 서윤희
펴낸곳: 도서출판 열린동해문학
<등록 제 573-2017-000013호>
주소; 충북 청주시 서원구 모충로 93 1층 101호

HP: 010-7476-3801
팩스: 043-223-3801

ISBN 979-11-981624-4-1 (03800)

이 책의 판권은 저자와 출판사의 동의 없이 무단 및 복제를 금합니다. 파손된 책은 구입처에서 교환하여 드립니다.

이 도서의 국립중앙도서관 출판시 서지정보유통지원 시스템 홈페이지(http://seoji.nl.go.kr)와 국가자료공동목록시스템 (http:nl.go.kr/kolisnet) 에서 이용하실 수 있습니다.